# A Monsieur LÉON DE MALEVILLE,

VICE-PRÉSIDENT DE L'ASSEMBLÉE NATIONALE.

---

*C'est à vous, très-honoré et cher parent, que je dédie la seconde édition de mes Causeries politiques.*

*Puissiez-vous reconnaître dans ces lignes l'expression de vos propres sentiments et retrouver dans leur auteur un fervent et fidèle disciple de la politique courageuse et éminemment française dont vous avez été dans l'opposition et au pouvoir l'éloquent interprète !...*

Paris, le 11 juin 1871.

# LA SOLUTION ESPAGNOLE

La question de savoir si l'Espagne se donnera
un gouvernement monarchique ou républicain est
résolue en ce moment, si, du moins, il faut en ju-
ger par les dispositions non équivoques de la majorité des Cortès et des hommes qui, depuis six mois,
ont le dangereux honneur de diriger les affaires de
la Péninsule. Qui considère ce que l'Espagne était
hier et ce qu'elle est encore aujourd'hui, ne peut
qu'applaudir, selon nous, à ce premier résultat de
la révolution de septembre. Nous sommes loin d'a-
voir vu avec déplaisir les hommes les plus considé-
rables du parti républicain arriver aux Cortès :
nous sommes de ceux qui aiment la discussion. Si
nous redoutons les idées extrêmes prêchées dans
l'ombre, nous sommes satisfait de les voir aborder
la tribune et s'affirmer officiellement. Tout le monde
gagne à cette franchise, à cette publicité; et les idéo-
logues, que le milieu sain et respectable des assem-
blées publiques force à la modération, et les hommes
pratiques qu'une préoccupation trop absolue des
faits aveugle quelquefois sur l'inévitable triomphe

de certaines idées nouvelles. Nous pensons que la parole a été donnée à l'homme pour exprimer sa pensée, et nous continuerons, si on veut bien nous le permettre, à préférer la politique qui parle à la politique des muets.

Revenant aux Espagnols qui paraissent décidément être de notre avis, nous ne pouvons que les féliciter d'avoir envoyé aux Cortès des hommes qui parlent et qui parlent des langues différentes. La lumière jaillira bientôt du choc des opinions. Que disons-nous? Elle en a jailli déjà. Elle s'offre aux yeux des Espagnols sous l'aspect de la monarchie. Mais quelle monarchie? Les mots ont une si complaisante élasticité, et de notre temps, on a poussé si loin l'art des transfigurations! Si la grande voix de Mirabeau, nous exposant les principes de 1789, pouvait se faire entendre de nos jours, quelle distance immense le séparerait de la manière de les comprendre de certains de nos hommes d'État! L'Espagne peut, d'un seul coup, mettre d'accord ses intérêts et ses besoins en les appuyant sur ces grands principes qui, depuis longtemps déjà, règlent les destinées des peuples les plus éclairés de l'Europe occidentale. Elle veut une monarchie. C'est, en effet, une monarchie qui lui convient. Qu'elle soit donc analogue à ce qui fonctionne si bien en Angleterre et en Belgique, à ce que l'Italie essaie et à ce que la nécessité commande à Vienne, à ce que M. de Bismark parodie à Berlin et enfin à ce que nous avons eu chez nous quand la politique du jour n'avait pas encore fait de miracles. Quelques hommes politiques pensent que l'Espagne n'est pas assez mûre pour se plier docilement au régime sain et digne d'une monarchie constitutionnelle et démocratique. Ne vous semble-t-il pas entendre un médecin disant à son malade : Mon ami, remettons les remèdes à demain, vous n'êtes pas assez mûr pour guérir et vous bien porter. Pour ces gens-là, rien n'est mûr. L'Italie n'était pas assez mûre pour recouvrer son indépendance, nos voisins d'Outre-Rhin ne l'étaient pas davantage pour fonder l'unité allemande, et naturellement nous ne le sommes pas du tout pour mériter le sérieux couronnement de l'édifice. Il nous paraît, au contraire, que les Espagnols, comme la plupart des peuples occidentaux, sont arrivés à une grande maturité. Le programme libéral devant lequel vient de s'enfuir la cour de la reine Isabelle est-il donc, après tout, quelque chose de nouveau pour les Espagnols ? Ne l'ont-ils pas écrit de leur main, signé de leur sang et défendu jusqu'à la mort pendant tout le courant de ce long drame qui commence à Charles IV, et les entraîne toujours combattant, toujours protestant, toujours trompés, persécutés, emprisonnée, exilés, assassinés, jusqu'à la Révolution de septembre 1868 ? Malheureuse et énergique nation ! Elle a passé par Charles IV, par Ferdinand VII, par Godoï, par Christine, par Isabelle. Elle a été jouée et envahie en 1808. Elle a vu en 1814 Ferdinand revenir, dissoudre les Cortès, rétablir l'inquisition, patroner les jésuites, mettre toutes les lois à néant et la tenir le poignard sur la gorge jusqu'à la prise d'armes de Quiroga et de Riego. Elle a cru aux promesses de 1820 ; elle a bientôt reconnu son erreur, a combattu encore et est enfin tombée épuisée devant une seconde invasion en 1823. Était-ce assez ? était-ce tout ? Non ! Elle devait voir ses Cortès chassées une seconde fois, ses magistrats communaux dans la main du despote, l'inquisition en permanence, les jésuites à l'œuvre et la camarilla, la robe tachée du sang du martyr Riego, dansant à la cour sur les débris de toutes ses libertés !...

Quel scandale cependant pour l'Europe du xix<sup>e</sup> siècle ! Se sentit-elle alors lasse, découragée ? Jamais ! Si nous la suivions, nous pourrions la voir de nouveau sur la brèche dès 1833..... Mais il faut bien s'arrêter ici devant le respect que l'on doit à une femme tombée ! Et l'on dit qu'une pareille nation n'est pas mûre pour la liberté ? Est-ce donc épuisée et avilie qu'il vous la faut ? Eh bien ! vous ne l'aurez pas ainsi. Elle est debout maintenant. Elle va vous prouver, par sa modération et son patriotisme, que les avilis sont ceux qui l'ont gouvernée, mais qu'ils n'ont pu l'avilir. Voilà la vérité tout entière. Que les Cortès choisissent donc un roi assez libéral pour aimer et respecter la constitution nouvelle, assez honnête pour donner l'exemple de l'honnêteté à sa cour, assez ferme pour lutter s'il le faut avec courage contre la réaction ou les factieux. Qu'ils fassent cela, et le reste ira de soi.

Avant d'aller plus loin, il est une considération sur laquelle nous devons tout particulièrement in-sister. Être roi, après tout, n'est peut-être pas un rôle très-difficile à remplir ; mais être le chef d'un gouvernement libre, être roi constitutionnel, c'est bien différent. Léopold I$^{er}$, roi des Belges, était de-venu une sorte de Nestor politique en Europe, et il est mort la couronne sur la tête en emportant dans la tombe les regrets et les respects de tous. Pour-quoi ? Parce qu'il avait su et voulu rester roi con-stitutionnel. Cet exemple, que nous prenons au milieu de beaucoup d'autres, fera comprendre de quelles difficultés est hérissée cette position d'un prince qui règne, comme on dit, et ne gouverne prs. Ce n'est pas le plus qui est difficile ici, c'est le moins. Il est dans la nature de l'homme, qui est placé au-dessus des autres hommes, d'agrandir son autorité, son pouvoir, son gouvernement, et ce n'est que pour combattre et tourner à bien ces ten-dances naturelles à l'absolutisme que les liens con-stitutionnels ont été imaginés. Eh bien ? régner au milieu de ces liens qui vous gênent et quelquefois vous blessent, se dire qu'on n'est pas un homme, mais une personne politique dont l'action est défi-nie et réglée par la loi ; se mouvoir dans ce cercle étroit, y parler avec tact, y faire le bien sans perdre sa dignité ou exagérer son importance, bien comprendre, aimer, respecter tout cet ensemble d'institutions ombrageuses qui, pour tout dire, sont tournées contre vous, voilà ce qui est une tâche très-difficile et très-délicate à remplir, voilà ce que tout prince ne sait pas ou ne veut pas faire, et ce que, selon nous, le duc de Montpensier ferait mieux que tout autre en Espagne. Éducation, traditions de famille, expérience des révolutions, malheurs de l'exil, tout a concouru à fortifier le caractère et l'esprit de ce prince et à lui inspirer le respect et l'amour des principes constitutionnels. Il descend d'une famille qui, depuis longtemps déjà, a rompu avec l'absolutisme et l'ancien régime. Il est né dans un pays qui, il y a quatre-vingts ans, a proclamé l'évangile social et politique de l'avenir. Il a vécu dix-huit ans à la cour du roi Louis-Philippe I<sup>er</sup>, son père, s'instruisant dans la théorie et la pratique des institutions libres, observant toutes les grandes choses et se mêlant à tous les grands hommes de ce temps.

Depuis vingt ans, il habite l'Espagne, qu'il connaît et qu'il aime comme une seconde patrie. Quel prince, nous le demandons aux Espagnols, répond mieux à la situation politique, aux aspirations libérales et démocratiques, aux besoins présents et futurs de leur pays? Il est Bourbon, dites-vous? Oui, nous connaissons le mot du général Prim : Plus de

Bourbons ! Eh bien ! nous répondons : Non, il n'est pas Bourbon seulement, il est Orléans et Bourbon après.

Nous ne touchons à rien et nous n'ambitionnons rien. Nous n'avons aucune autorité politique ou littéraire. Notre seul mérite, aux yeux des Espagnols, est de plaindre et d'admirer leur beau pays, d'aimer la liberté et de souhaiter, du fond de notre âme, que, plus heureux que nous, ils sachent la conquérir et surtout la conserver. Nous avons dit à ce sujet toute notre pensée, tout ce que notre conscience et notre expérience nous ont dicté dans l'intérêt de ce grand peuple. Que les Cortès prêtent l'oreille à notre voix inconnue, et les grandes destinées de l'Espagne seront assurées !...

Paris, le 22 mars 1869.

# DE LA

# DISSOLUTION DE LA CHAMBRE

## PAR LE MINISTÈRE OLIVIER.

Il y a des questions qui s'imposent. Ce n'est point tel parti politique plutôt que tel autre qui les met en avant, c'est la nécessité qui en rend la solution absolument nécessaire. Le retour récent de notre pays aux principes libéraux et parlementaires en est une preuve éclatante ; nous espérons que la dissolution de la Chambre actuelle en fournira prochainement un nouvel exemple. *Le Temps, la Presse, les Débats*, tous les organes libéraux réclament la dissolution. Quel est l'inspirateur de cette politique ? la France libérale. Pourquoi s'affirme-t-elle chaque jour avec plus d'autorité ? Parce que, chaque jour, en effet, on aperçoit plus distinctement les résultats efficaces qui en découleraient au double point de vue de la réalité et de la sincérité du gouvernement parlementaire. Pourquoi, en fin de compte, réussira-t-elle ? Parce que les exigences,

les nécessités politiques l'imposeront impérieuse-
ment au cabinet actuel.

Ces choses nous paraissent incontestables aujour-
d'hui, et nous regrettons que les ministres actuels
ne les comprennent pas ou semblent les dédaigner.
Leur courte et orageuse administration aurait dû
déjà leur ouvrir les yeux. Qu'ont-ils pu faire depuis le 2 janvier dernier? — Se défendre, rien que
se défendre. Se défendre à la Chambre, dans les
feuilles officieuses, dans la rue et aux Tuileries,
certainement. Eh bien! nous le demandons, est-ce
une existence sérieuse pour un cabinet parlementaire? Est-ce un état normal pour le pays? Est-ce
là ce que nous faisaient espérer ces fameux programmes libéraux qui ont fait tant de bruit? Est-
ce là l'ordre, la sécurité dont nous avons besoin?
Non, c'est le désordre partout, dans les idées comme
dans les choses.

Désordre dans la Constitution que l'on déchire
en continuant de l'invoquer. Désordre dans l'esprit
du Chef de l'Etat, qui, après dix-huit ans de pouvoir personnel, se plie malaisément aux pratiques
parlementaires. Désordre dans le Sénat qui pleure
sur ses pouvoirs constituants que la force des choses
lui enlève brutalement. Désordre dans le Corps législatif, dont les candidatures officielles ont vicié
l'essence même de son autorité morale sur les es-
prits, et qui n'ose plus croire, quoi qu'il en dise, à
la durée de son existence. Désordre dans le minis-

tère, qui s'épuise à poursuivre une majorité fugitive et au fond ennemie, et qui, récemment, pour savoir s'il la tenait encore, s'avisait de poser une question de cabinet à propos de la demande en autorisation de poursuites contre le député Rochefort. Désordre enfin dans l'administration inférieure, qui se demande chaque matin, en se frottant les yeux, si M. de Forcade est bien mort, et si MM. Emile Ollivier, Daru et Buffet sont bien vivants.

Nous ne nions pas les bonnes intentions du cabinet Ollivier. Nous croyons savoir qu'il est en proie à des difficultés de nature complexe, et nous en tenons compte. Mais, ce que nous lui reprochons, c'est de ne pas oser prendre la seule voie régulière qui pourrait le conduire où nous voulons tous arriver : au gouvernement du pays par le pays. — Cette voie de salut, on l'a dit avant nous, c'est la promulgation d'une loi électorale nouvelle, et ensuite de nouvelles élections.

Hors de là, hors de cette ressource constitutionnelle, que des ministres sérieusement parlementaires ont toujours à leur disposition, rien n'est vrai, rien n'est décidé, rien n'est possible dans l'intérêt de la liberté. M. Emile Ollivier aime beaucoup à parler de la loi et de la ferme volonté qu'a son cabinet d'agir conformément à la loi. Eh bien ! ce que nous demandons, ce que tout le pays demandera bientôt, d'un bout de la France à l'autre, c'est

de *rentrer dans la loi*, et de voir le cabinet pratiquer
réellement les saines doctrines parlementaires, dont
il nous fait si compendieusement et si éloquemment
l'étalage à la tribune nationale.

M. Emile Ollivier et ses collègues savent mieux
que personne que les candidatures officielles ne sont
pas *légales*, et qu'elles n'ont été imaginées que pour
fausser le jeu régulier de la loi électorale existante.
Encore une fois, qu'attendent-ils pour déposer sur
le bureau de la Chambre leur projet de loi sur la
réforme électorale ? Douteraient-ils, comme nous,
de l'appui de la majorité actuelle pour résoudre
cette question capitale ? S'il en était ainsi, qu'at-
tendraient-ils pour dissoudre le Corps législatif,
issu de ces candidatures officielles ? Dans cette al-
ternative, pas d'hésitations puériles si pleines de
périls pour la part de liberté si péniblement recon-
quise !... Mais, dira-t-on, la dissolution est une
grosse question qui vaut la peine qu'on y réflé-
chisse avant de recourir à elle. C'est une mesure
délicate qui, dans les conjonctures présentes, ne
peut être prise qu'avec de grands ménagements.
— Soit. — Mais la saine politique et la légalité ne
conseillent-elles pas d'inaugurer le nouveau régime
par un nouvel appel au suffrage universel ? Quelle
est la clef de voûte de l'édifice parlementaire que
nous voulons élever ? La Chambre élective, n'est-
il pas vrai ? Mais si cette Chambre est viciée dans
la source même de son pouvoir, de quelle autorité

peut-elle jouir devant la conscience du pays? Personne ne croira à sa durée ; ne voyez-vous pas que personne n'y croit, qu'il est politique de dissoudre la Chambre actuelle? Cette politique, nous le savons, n'était point celle de MM. Billault, Rouher et de Forcade. C'est pour cette raison que nous la recommandons ; et dans tous les cas ne doit-elle pas être celle d'un ministère qui s'intitule parlementaire, comme celui de M. Emile Ollivier?

Dans le gouvernement anglais, que l'on cite à tout propos, et qu'on n'imite pas assez, les ministres ne font pas tant de façons pour dissoudre le Parlement quand il n'est plus, à leurs yeux, l'expression véritable de l'opinion publique. Quoique M. Emile Ollivier se plaise quelquefois dans des hauteurs inaccessibles aux sages avertissements, nous prendrons cependant la liberté de lui dire que c'est dans le Parlement anglais qu'il doit aller chercher des maîtres et des modèles. Après cette étude, il demeurera convaincu, nous l'espérons, que sous les régimes vraiment parlementaires, le Gouvernement doit vivre et marcher avec l'opinion ; que la bonne politique est la politique d'opinion, et que le seul chef de l'Etat possible c'est Sa Majesté l'opinion publique.

Paris, le 18 février 1870.

# AVANT ET APRÈS

RÉFLEXIONS A PROPOS DU PLÉBISCITE DE 1870.

---

## *Avant.*

Autres temps, autres mœurs, dit-on. Autres temps,
mêmes mœurs , pourrait-on dire du gouvernement impérial, malgré les transformations succes-
sives qu'il semble avoir subies. Qu'on y regarde
de près, on se convaincra de cette vérité. Depuis
dix-huit ans, tout a changé en France, excepté le
principe inauguré le 2 décembre 1851. Si le plébiscite était décidément passé de mode, nous ne tiendrions pas ce langage. Nous ne serions pas pleine-
ment satisfait , il est vrai , des réformes déjà
octroyées ou promises, mais nous tiendrions compte
à l'Empereur d'avoir su s'incliner à temps devant
l'imposante manifestation libérale des dernières
élections et, puisqu'il a si souvent affiché la pré-
tention d'aller plus loin et plus vite que ses ministres, nous conviendrions volontiers qu'il est plus
libéral que M. le garde des sceaux, qui cependant

était un des *cinq*, comme chacun sait. Eh bien,
cette illusion, nous l'avons eue un instant. Un instant, nous avons cru avec beaucoup d'autres qu'on
allait nous forcer à l'impartialité envers un gouvernement qu'en principe nous n'aimions pas. Etre
ainsi entraîné à donner une approbation sincère à
des réformes sincèrement accordées avait de part
et d'autre, entre opposants, quelque chose de grand
et d'élevé qui nous captait. Il nous semblait que,
de ce train-là, nous arriverions bientôt sur un terrain où tous les partis pourraient s'entendre et sur
lequel nous pourrions enfin asseoir le gouvernement du pays par le pays. Pourquoi n'aurions-
nous pas eu cette confiance, du reste? Ne disait-on
pas, ne promettait-on pas tout ce qui pouvait nous
la donner! Communiqués, programmes, lettres
impériales, discours officiels, tout était à la liberté,
sentait la liberté, prônait la liberté.

Les ministres en avaient plein la bouche, plein les
mains, plein les poches. N'étaient-ils pas *d'honnêtes
gens* après tout? Le moyen de ne pas les croire
lorsqu'ils s'intitulaient modestement les restaura-
teurs du gouvernement parlementaire? O Lamou-
rette! sublime naïf! Tu les aurais crus aussi, toi!
mais, tu te serais aperçu le lendemain, comme
nous, que ces belles promesses n'étaient qu'un mirage, un mirage avec le couronnement de l'édifice
en bas et le césarisme en haut.

On nous comprend, n'est-ce pas? Nous avons

voulu dire que cet épisode du ministère du 2 janvier pourrait très-bien figurer dans l'histoire du temps sous le titre : *Nouvelle journée des dupes* et, qu'armé du pouvoir plébiscitaire, l'Empereur peut confisquer demain ce qu'il lui a plû de nous octroyer aujourd'hui. Nous savons que l'on nie cela. Que ne nie-t-on pas ? Que n'affirme-t-on pas quand on a une place, une pension, un siége au Sénat, une préfecture, un portefeuille, voire même une Couronne ? La pitance servie dans les rateliers du gouvernement a la propriété d'inspirer des convictions inébranlables..... jusqu'à ce qu'un autre vienne le remplacer. Ce n'est donc pas aux appointementistes que nous nous adressons. L'autre public, le vrai, a été convaincu, pensons-nous, par les excellentes choses qui ont été écrites contre le plébiscite depuis bientôt trois semaines, aussi ne retomberons-nous pas dans des redites inutiles. Nous lui demanderons seulement la permission de transcrire ici une conversation entendue, après la messe, sous le porche d'une église de campagne.

Jean. — Dis donc, Pierre, qu'est-ce que c'est donc que ce plébiscite, enfin ?

Pierre. — C'estcomme qui dirait..... — Tiens, mets-toi là, en face de moi, tends tes deux mains et je vais t'expliquer la chose.

Jean. — Comme çà ?

Pierre. — Oui. — Maintenant figure-toi bien que je suis le gouvernement et toi la nation. Tu tends

les mains comme çà, comme un imbécile, parce que
je t'ai dit que j'allais te donner la liberté. La liberté, si tu veux, sera représentée par cette pièce de
10 sous.

JEAN. — Je comprends ; après ?

PIERRE. — Regarde bien. — D'abord, je prends
la pièce de dix sous dans la main gauche et je te la
donne. — Tu la tiens ?

JEAN. — Oui.

PIERRE. — Bien. — Ensuite je t'envoie de beaux
messieurs avec de grands portefeuilles sous le bras.
Ils te font de beaux et longs discours pour te fla-
gorner. Pendant ce temps-là, — suis-moi bien, —
je reviens avec précaution et je reprends avec la
main droite la pièce de dix sous que je t'avais donnée
de la main gauche. Je la remets dans ma poche et
je m'en vais.

JEAN. — Et puis ?

PIERRE. — Et puis, c'est fini. Le tour est fait.

JEAN. — Comment, fini ? Et ma pièce de dix
sous ?

PIERRE. — Elle est dans ma poche et elle y
reste. C'est çà le plébiscite.

JEAN. — Sacredié ! Je n'aime pas qu'on se fiche
de moi ; je voterai Non.


Dans une comédie célèbre on nous a dit que ce
qui était bon à prendre était bon à garder. Jean
était de cet avis et n'aimait pas qu'on lui reprît

d'une main ce qu'on lui donnait de l'autre. Mais, comme le gouvernement, de son côté, a pris depuis longtemps une foule de choses qu'il tient, lui aussi, absolument à garder, nous nous demandons ce que sera devenu ce pauvre Jean sous le flot toujours grossissant de l'*activité dévorante* de M. Chevandier de Valdrôme.

Quant à Pierre, nous espérons que l'honorable député du Var nous saura gré de lui avoir fait faire sa connaissance.

M. Emile Ollivier s'est pris d'un fol amour pour les paysans depuis peu, à ce point qu'il n'a pas dédaigné de leur écrire pour leur apprendre qu'ils ne sont pas des *imbéciles*. Imbécile est cru pour une plume tout nouvellement taillée à l'Académie ; mais, à part ce détail de style, nous partageons entièrement l'opinion de l'honorable garde des sceaux. Ceci lui expliquera comment nous nous en sommes tenu au petit discours de Pierre pour prouver que rien n'a changé, en réalité, dans le système du gouvernement depuis dix-huit ans. Pardon, nous faisons une erreur. Quelque chose a changé dans ce système. Nous allons dire quoi. Pendant la longue période du gouvernement personnel pur, on avait la franchise et l'audace de l'emploi. Au 2 décembre, on avait établi un comité de salut public à Paris pour faire ce que vous savez ; on s'en avoua carrément le chef. La peur avait improvisé 7,500,000 suffrages qui sacrèrent la violence ; on se le tint pour dit et l'on traita la France en maître qui a bonne poigne et qui ne s'en cache pas. Enfin, comme il était nécessaire d'assurer et de perpétuer son rôle de sauveur de la patrie, on ne craignait pas de promulguer, à la face de l'Europe étonnée, la constitution de 1852, qui érigeait la force brutale en droit et décrétait le silence et l'obéissance du pays. On comprend que, à l'aide de ces moyens expéditifs, on s'était créé une position fort nette qui consistait à penser, à parler et à agir pour tout le monde. Certes, c'était un rôle périlleux que de tenir ainsi le pays muselé et de le gouverner, l'épée de décembre d'une main et le spectre rouge de l'autre. Cependant ce rôle, on l'acceptait, on s'en vantait, on l'affichait avec audace, et, à cet égard, l'acteur qui le jouait ne méritait pas, selon nous, d'être sifflé, car nous aimons la franchise partout, même dans le césarisme. Eh bien, nous avons, aujourd'hui, cette franchise de moins : voilà ce qui est changé.

Et comment, dira-t-on, un pareil changement a-t-il pu se produire ?

Mon Dieu ! pour parler franc, il faut avouer que le spectre rouge se fanait, tournait au rose et n'effrayait plus personne. D'un autre côté, nous prenions des habitudes légales si inquiétantes que, malgré les blouses blanches et la *Lanterne* de M. Rochefort, la glorieuse épée de décembre courait le risque de faire bientôt la paire avec le *sabre fa-*

*meux de mon père* (musique d'Offenbach). — Ce qui était encore plus grave, c'est que les 7,500,000 suffrages d'autrefois se détachaient un à un du faisceau électoral, malgré les candidatures officielles, et s'avisaient même, en fuyant, de lancer la flèche du Parthe à leur ancienne idole. La ville de Paris, quoique satisfaite, à de certains égards, d'avoir été si rapidement transformée et embellie, ruait à la botte de M. Haussmann, l'ingrate! et demandait un conseil municipal élu par les Parisiens. Les ateliers nationaux qu'on avait établis à Paris, depuis dix-huit ans, et où l'on croyait avoir semé la popularité, multipliaient le chiffre *cinq* à outrance et montraient le poing à l'honorable député du Var, qui avait dérangé leurs calculs. Il n'y avait pas jusqu'aux traités de commerce auxquels quelques fabricants factieux ne trouvassent à reprendre, disant qu'on pouvait bien faire litière des libertés, mais non de leur argent. Tout cela était très-sérieux, mais ce n'était pas tout.

Si de l'intérieur on passait à l'extérieur, les symptômes devenaient plus alarmants encore. — Ainsi, on avait eu la maladresse de dire : l'Empire, c'est la Paix, la veille des campagnes de Crimée et d'Italie. Ce mot était malheureux et inutile. Cependant, la France était si bonne personne, dans ce temps-là, qu'elle s'était facilement laissé persuader que le succès est une excellente éponge pour laver le sang des champs de bataille et le déficit des bud-

gets. Mais, quand vint l'aventure du Mexique, qui
commença par cette chose plaisante qu'on a appe-
lée *la théorie des races latines*, et qui finit par la re-
culade de nos drapeaux, la mort inutile de nos
soldats, la ruine de ceux qu'on avait attirés frau-
duleusement dans cette affaire, la fin lamentable
de l'infortuné prince qui s'était associé à ces folies,
on se fâcha tout rouge et l'on dit assez vertement
que toutes ces guerres faites pour une idée coûtaient
trop de sang et trop d'argent. A cette date, la *grande
politique extérieure* était décidément entamée.

On sentait son prestige diminuer. Les points noirs
se multipliaient à l'horizon : il fallait renoncer à se
poser comme infaillible. Si on avait eu un concile
sous la main, on aurait pu faire rajeunir son infail-
libilité ; mais on avait oublié de se faire pape en
1852 ; c'était un tort, on le reconaissait, mais trop
tard.

C'est à peu près dans ce temps là que les astro-
nomes allemands signalèrent une étoile qui, sans la
permission de M. Le Verrier, était subitement deve-
nue visible au-dessus de la Prusse. Affaire de savants,
dit-on, soit. Mais ces observations astronomiques
avaient cela de particulier qu'elles attribuaient à ce
nouvel astre la propriété d'avoir fait pâlir l'étoile
napoléonienne qui brille un peu plus au sud, du
côté de la Corse. Les grands hommes sont souvent
superstitieux. Il nous est revenu que cette étrange
influence d'une étoile sur l'autre avait, pendant

asez longtemps, assombri le front de l'Empereur.
— Mais passons. — M. de Bismark était venu en
France. Ici on avait repassé son Machiavel pour
être prêt. D'un côté, on rêvait la frontière du Rhin
à bon marché, car la France était lasse des emprunts
et des déficits. De l'autre côté, on rêvait l'abaisse-
ment définitif de l'Autriche et l'unité allemande
sous le talon prussien. Tout cela, il paraît, était
difficile à concilier. Les deux grands politiques se
quittèrent, dit-on, sans rien conclure. L'un revint
à Berlin où il prépara l'étonnante campagne que
vous savez. L'autre rentra aux Tuileries en se disant : Il n'osera pas ; et M. Rouher, qui avait alors
la spécialité des fleurs de rhétorique impériales, se
chargea de faire entendre au pays qu'on ne remue-
rait pas une épingle en Europe sans le bon plaisir
de Sa Majesté. Vous savez comment le canon de Sa-
dowa fit justice de tant de présomption et comment
aussi ces traités de 1815, qui avaient été faits contre
nous, à la chute de l'oncle, furent impunément re-
maniés sous le règne du neveu. En France, on con-
sent facilement à être victime, s'il le faut, mais, à
être dupe, jamais. M. de Bismark a ruiné le prestige napoléonien.

Ce petit tableau de la grandeur et de la décadence
impériale explique bien, ce nous semble, comment,
après nous avoir gouvernés avec la brutalité d'un
maître, sûr de sa force, on en est arrivé, de faute
en faute et d'excès en excès, à l'expédient des ré-

formes hypocrites d'aujourd'hui. Sans le plébiscite
et malgré le passé, tous les hommes de liberté eus-
sent accepté franchement ces réformes, comme une
amélioration dans le présent et comme un gage
pour l'avenir. L'Empereur et ses ministres ne l'ont
pas voulu. Mais après?

### Après.

Après, c'est-à-dire quand le scrutin du 8 mai aura
répondu *oui* aux questions du Gouvernement, l'Empereur, les ministres et le pays se trouveront, sui-
vant nous, devant une tâche bien plus difficile et
bien plus périlleuse qu'auparavant. Ah! si le plébiscite, une fois admis, vous aviez laissé l'électeur
libre, messieurs les ministres, et que vous lui eus-
siez posé la question clairement, beaucoup de libéraux modérés vous auraient sans doute prêté un
appui fort utile et auraient facilité l'établissement
de cette liberté dont vous avez fait tant de bruit.
Les faits parlent ; il n'en a pas été ainsi.

Durant la période plébiscitaire, au moment du
vote solennel, vous nous avez ramené aux plus dé-
testables manœuvres de la candidature officielle,
après nous avoir solennellement promis le contraire. Vous nous avez dit que voter *oui* c'était voter
pour la liberté et pour l'ordre, et que voter *non*,
c'était voter pour la révolution, ce qui n'était pas
vrai. Eh bien, ce manque de parole et ce mensonge

ont tout gâté dans votre campagne plébiscitaire.
Nous avions déjà une chambre que l'on a discutée
et que l'on discute tous les jours avec raison ; nous
aurons un sénatus-consulte qui ne sera ni moins
attaqué, ni moins vulnérable. En sorte que, avec ce
prétendu dessein de consolider nos institutions
par un vote populaire, vous aurez seulement réussi
à les mettre de nouveau en question. On disait du
vote de 1852 qu'il avait été arraché par la peur ;
on dira de celui de 1870 qu'il a été escamoté par la
corruption. Est-ce là ce que vous vouliez ?

Mais prenons la question à un autre point de
vue. Le vote que vous aurez ainsi obtenu sera nu-
mériquement imposant ou faible. S'il est imposant,
vous devrez donner satisfaction à l'extrême droite
qui a déjà interprété votre succès dans ce sens. Vous
devrez en outre plier sous la main de l'Empereur,
dont l'influence personnelle sera infiniment accrue,
et enfin vous laisser dériver à la réaction, lorsque
vous prétendiez nous donner la liberté. Nous vous
prédisons même que, dans ce cas fort probable, on
vous jettera par dessus bord, parce que vous ne
serez plus qu'un embarras. Est-ce là ce que vous
vouliez ? Si le vote est faible, au contraire, il se pas-
sera ce qui s'est passé lors des dernières élections
générales où la minorité, quoique minorité, a fini
par avoir raison. Le centre droit deviendra moins
conservateur, le centre gauche plus libéral, la gauche plus exigeante, tous les journaux indépendants

feront chorus, une grande partie du pays suivra ce mouvement, et quelle position nous aurez-vous faite alors, nous vous le demandons, entre le pouvoir personnel que vous aurez maintenu aux Tuileries, et cet immense courant d'opinion que vous aurez inutilement soulevé? Vous aurez proclamé la guerre entre le pouvoir autoritaire et le pouvoir populaire. Voilà ce que vous aurez fait. Encore une fois, est-ce là ce que vous vouliez?

Ainsi, dans le premier cas :
Triomphe de l'extrême droite ;
Réaction ;
Travail des dix dernières années perdu.

Dans le second cas :
Lutte du césarisme et de la liberté ;
Coup de tête de César ou coup de tête du peuple.

Et dans les deux cas :
Vote du plébiscite entaché de corruption et partant, légitimité du pacte constitutionnel mise en question une seconde fois.

Tel est, selon nous, le terrain brûlant et périlleux sur lequel l'Empereur et M. Émile Ollivier ont engagé la France et eux-mêmes.

On pouvait faire moins mal en adoptant le plébiscite tel qu'il est, mais en tenant ses promesses, en laissant le vote libre et en s'abstenant des manœuvres déloyales de l'*activité dévorante*.

On pouvait faire mieux en conservant encore le

plébiscite, mais en le soumettant à la discussion et à l autorisation préalable de la Chambre des députés.

On pouvait faire tout à fait bien en abandonnant absolument le principe plébiscitaire et en rendant à la nation et à ses légitimes mandataires le pouvoir constituant qui leur appartient de droit permanent, en de semblables occurrences

On n'a rien voulu de tout cela. On a voulu, on a choisi le pire.

La constitution de 1852 était détestable en principe, mais, au moins, elle avait pour elle la logique et l'audace. Née de la force brutale, elle en avait adopté toutes les conséquences et se dressait le front haut, disant franchement et partout ce qu'elle était.

La constitution de 1870, née de la corruption électorale et prétendant couronner l'Empereur des lauriers de la liberté, tout en lui laissant le droit d'arracher cette couronne le jour où la candidature officielle ne lui donnera plus une chambre obéissante, cette constitution, disons-nous, restera comme un inqualifiable monument d'inconséquence politique ou comme une œuvre noire d'hypocrisie.

La constitution de 1852 s'est usée d'elle-même et est tombée en pièces devant la première manifestation sérieuse de l'opinion publique, malgré l'intelligence si déliée de Napoléon III et l'incontestable talent des hommes qui s'étaient associés à sa fortune.

La constitution de 1870, mise à nu par la discussion, compromise par le zèle servile de ministres incapables, était déjà usée avant de naître et tombera bientôt comme sa devancière, non plus seulement devant la protestation pacifique des citoyens, mais sous la réprobation unanime des honnêtes gens.

« Comme on *fait son lit on se couche.* »

Paris, le 5 mai 1870.

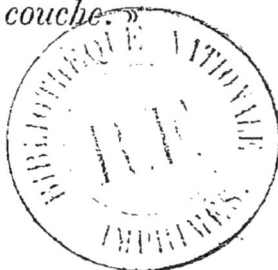

Paris. Typ. A. PARENT, rue Monsieur-le-Prince, 31.